¡Qué susto me dio!

Escrito por: Barbara Flores, Elena Castro y Eddie Hernandez
Ilustrado por: Michael Ramirez y Mary Ramirez

Anoche cuando dormía oí un ruido fuerte
fuera de mi ventana. Pensaba que era un
ladrón que se quería meter en mi casa.
¡Qué susto me dio! Pero sólo era el
viento fuerte que hacía que una rama le
pegara a mi ventana.

Anoche cuando dormía miré por la
ventana y vi una mano grande y arrugada.
Pensé que pertenecía a un ogro gigante
que quería agarrarme.

¡Qué susto me dio! Pero sólo eran las
ramas secas del árbol que está fuera de
mi ventana. La luz de la luna hacía que
su sombra me asustara.

Anoche cuando dormía oí unos rasguños fuera
de mi puerta. Parecía que alguien quería
entrar en mi cuarto para hacerme daño.

¡Qué susto me dio! Abrí la puerta con cuidado pero solamente era el gatito que quería entrar para dormir conmigo.

Anoche cuando dormía soñé con unos
dragones feos y enormes. Pensé que me
iban a agarrar. ¡Qué susto me dió! Pero
sólo era una pesadilla.

Todas estas cosas me asustan. Pero mi mamá me asegura que nada me va a pasar. Me dice que nada más es mi imaginación.